Sit & Solve®

COMMUTER
WORD SEARCH PUZZLES

Amy Goldstein

Sterling Publishing Co., Inc.
New York

2   4   6   8   10   9   7   5   3

Published by Sterling Publishing Co., Inc.
387 Park Avenue South, New York, NY 10016
© 2005 by Amy Goldstein
Distributed in Canada by Sterling Publishing
c/o Canadian Manda Group, 165 Dufferin Street
Toronto, Ontario, Canada M6K 3H6
Distributed in the United Kingdom by GMC Distribution Services
Castle Place, 166 High Street, Lewes, East Sussex, England BN7 1XU
Distributed in Australia by Capricorn Link (Australia) Pty. Ltd.
P.O. Box 704, Windsor, NSW 2756, Australia

Printed in China
All rights reserved

Sterling ISBN-13: 978-1-4027-2543-2
ISBN-10: 1-4027-2543-4

For information about custom editions, special sales, premium and
corporate purchases, please contact Sterling Special Sales
Department at 800-805-5489 or specialsales@sterlingpub.com.

Introduction

Found a seat? Grab your bagel and a pencil and try your hand at these 35 word search puzzles about commuting.

All the words and phrases in each puzzle's word list are hidden in the grid running horizontally, vertically, or diagonally, and always in a straight line. Once you've found all the entries, read the leftover letters from left to right, starting at the top row, to get a bonus message related to the puzzle.

Now don't miss your stop!

—Amy Goldstein

Rise and Shine

BRUSH TEETH	GET PAPER
COMB HAIR	GET UP
DO MAKEUP	LOCK DOOR
DRESS	ROLL OVER
DRIVE	SHAMPOO
EAT	SHAVE
EXERCISE	SHOWER
FIND KEYS	WALK DOG
FLUSH	WASH FACE
GARGLE	YAWN

O C I N D R O L L O V E R
Y O C D R I V E O R A E W F Y
O R P O D O N S E C A F H S A W
R C E M S A H I S T K D E V W A
I E N A A O I D I O G D N T N L
A W G K W H A K C A E S O U P K
H T E E T H S U R B L H O O O D
B S R U T K I G E T P A P E R O
M N U P G U L L X I K V E E C G
O I N L D E P Y E C R E S A W
C F O R F I N D K E Y S D

Answer, page 76

2

On the Train and Bus

BACKPACK
BAGEL
BOOK
BRIEFCASE
CELL YELL
COAT
COFFEE
DELAY
DONUT
EXPRESS
IPOD
"IS THIS SEAT TAKEN?"

LAPTOP
NEWSPAPER
OVERHEAD RACK
PDA
PEAK PERIOD
PRETZELS
PURSE
SLEEP
SODA
STANDEES
STATION
TICKET

```
N B T K C A P K C A B W H
E E O E D E L A Y E S A R L E
S X W O K D O P B R E O G L K P
A P S S K C A R D A E H R E V O
C R S E P C I E R A D S S Y L T
F E T I O A T T D O N U T L O P
E S A A N A P Z T R A A I L E A
I S T H I S S E A T T A K E N L
R P I N T H E L R S S T L C O C
B C O F F E E S K C E S R U P
A R N D O I R E P K A E P
```

7

Answer, page 76

Java Jive

AROMA
BEANS
BLACK
BREW
CAFFEINE
CAPPUCCINO
CINNAMON
CREAM
CUP O' JOE
DECAF
ESPRESSO
FILTER

FRENCH ROAST
GRIND
HAZELNUT
JOLT
LATTE
MOCHA
PERK
SCOOP
STIRRER
STRONG
SUGAR
TRAVEL MUG

T E O J O P U C G E L C F

G N O R T S D D R Y R A G U S

R L S O N O S E I V C F T E L T

T T S A O R H C N E R F D T R U

B B E E D M A M D X W E E L E S

K B R L H N O M A N N I C O T C

C A P P U C C I N O U N S I L O

A R S E H E G O B O D E R T I O

L O E A R O T H E R L R A S F P

B M T A D K R H A Z E L N U T

O A G U M L E V A R T W P

Answer, page 77

The Beatles' "A Day in the Life"

WOKE	LOOKING
FELL	NOTICED
OUT	LATE
BED	COAT
DRAGGED	HAT
COMB	MADE
ACROSS	BUS
HEAD	SECONDS
FOUND	FLAT
WAY	UPSTAIRS
DOWNSTAIRS	SMOKE
DRANK	SPOKE
CUP	DREAM

```
T D H E S S O R C A M M A
S S N P E I V U E H A T F D F
I N O U C A P L N D O E T E E O
H K F N O T I C E D T K K G L H
E E Y S N F O G N G B O T G O L
A O A K D T H N R E M W E A D P
D O W N S T A I R S O I A R N O
S R A L N A D K L A C S E D T S
C O A T O L V O S R I A T S P U
E T R N F F U O O R M T U Y S
E E C O K T N L D D E B S
```

Answer, page 77

5

Work, Work, Work

BUSINESS
CAREER
DAILY GRIND
EMPLOYMENT
FIELD
GIG
JOB
LABOR
LIVELIHOOD
LIVING

METIER
OCCUPATION
POSITION
POST
PROFESSION
RAT RACE
SPHERE
TOIL
TRADE
VOCATION

H A N O I T A P U C C O B
R D D E W O R N O I T A C O V
K A G R N E V P R E S R R K J R
L I V E L I H O O D S I D E L A
G L L H E D B S A N E Y L B E T
O Y D P Y A B I U L N T E W H R
T G Y S L T T T G N I V I L E A
P R O F E S S I O N S O F I A C
K I A E A C O O H A U N T C E E
E N D D G A P N R B B E E R G
E D T N E M Y O L P M E N

13

Answer, page 78

All the News That Fits

ABOVE THE FOLD
ADS
ARTS
CAPTION
COLUMNS
COMICS
CROSSWORD
FRONT PAGE
HEADLINE
HOROSCOPE
LOCAL

"MAN BITES DOG"
METRO
NATIONAL
OBITS
OP-ED
PHOTO
REPORT
SECTION
SPORTS
STORY
STYLE

14

```
T H E H O R O S C O P E F
A E L Y T S T F I R S H R T L
R N C D L O F E H T E V O B A R
T I O S R N S W O R D W N T N A
S L S Y S O I N T S E C T I O N
N D H E T I W R N E W Y P L I O
M A N B I T E S D O G R A K T W
U E O R B P L D S D I C G D A N
L H T N O A I A N O O E E T N E
O E N R T C H I R L R P T E E
C S T R O P S C I M O C N
```

15

Answer, page 78

Car Talk

BACKUP	KEYS
BUMPER TO BUMPER	MERGE
CARPOOL	RADAR
COFFEE MUG	RADIO
DETOUR	ROAD HOG
DRIVE TIME	RUBBERNECK
EXIT	RUSH HOUR
HIGHWAY	STOP AND GO
HONK	TRAFFIC
HOV LANE	TRUCK

T H R T E M I T E V I R D
K A I F F I O C R N S I A G N
C X K G A L G S I A A R A D A R
E N C B H N D E W K F L Y O I U
N R U A K W N A R N E F V J U O
R S R C R O A D H O G T I O R T
E O T K U P P Y G H H G U C H E
B I D U E C O F F E E M U G G D
B U M P E R T O B U M P E R L I
U N E S L E S T L T E K E Y S
R U O H H S U R R M A M N

Answer, page 79

17

Think "Inc."

BRAINCHILD	MINCE
CHINCHILLA	NINCOMPOOP
CINCH	PRINCE
GRINCH	PRINCIPAL
INCENSE	QUINCE
IN CODE	TIN CAN
INCOGNITO	TRAIN CAR
INCOME	TWIN CITIES
INSTINCT	VITAMIN C
LINCOLN	WINCH
LOINCLOTH	ZINC

18

```
T  I  A  L  L  I  H  C  N  I  H  C  N
R  C  A  L  I  C  P  S  Q  O  L  C  M  E  A
A  P  R  I  N  C  E  R  U  N  O  T  N  M  S  E
I  N  G  I  C  D  S  E  I  T  I  C  N  I  W  T
N  N  R  R  O  A  N  V  N  N  N  E  D  N  W  B
C  G  S  C  L  Y  E  F  C  H  C  N  I  C  R  E
A  O  N  T  N  M  C  A  E  T  L  I  H  E  M  E
R  I  C  N  I  Z  N  I  N  C  O  M  P  O  O  P
D  L  I  H  C  N  I  A  R  B  T  W  C  A  O  R
O  T  I  N  G  O  C  N  I  D  H  N  I  N  L
C  I  S  E  D  V  I  T  A  M  I  N  C
```

19

Answer, page 79

Working Scripts

BABY BOOM	ON THE WATERFRONT
CLERKS	ROGER AND ME
DESK SET	THE FIRM
GUNG HO	THE TEMP
MATEWAN	TIN MEN
MODERN TIMES	TOOTSIE
NINE TO FIVE	WALL STREET
NORMA RAE	WORKING GIRL

```
W O R K I N G G I R L I C
A A N S O H G N U G I T A N B
L D D N I N E T O F I V E A S M
L P O N O T I H H R I N B G K A
S E M I T N R E D O M Y A S R T
T G O E M O I F D A B A S A E E
R N Y E T S O I N O E C R S L W
E L N O T E C R O K W A K A C A
E T C O H E H M R S Q S U O E N
T N O R F R E T A W E H T N O
T T R O G E R A N D M E E
```

21

Answer, page 80

Bagel Break

BINS	MINI-BAGEL
BUTTER	ONION
CINNAMON RAISIN	PLAIN
CREAM CHEESE	POPPY
DELI	PUMPERNICKEL
DOZEN	SANDWICH
EVERYTHING	SESAME
FRESH	SHMEAR
GARLIC	SLICED
KNIFE	SPREAD
LOX	TOASTED
MARBLE	WHEAT

```
P P U M P E R N I C K E L
M R E L B R A M O I S N I B T
S I A E C O T X O L Y O I U D R
A I N G N I H T Y R E V E F A A
N I S I A R N O M A N N I C E E
D R O B B A G A E G L T S P R M
W N D U T A L S S E S A M E P H
I P O P P Y G T O X O E N T S S
C L Z H E C R E A M C H E E S E
H R E T T U B D L M S W R H O
P S N D E C I L S I G F N
```

Answer, page 80

23

At the Train Station

24

"ALL ABOARD!"	REDCAP
BENCH	SHOESHINE
CLOCK	SIGN
CONCOURSE	STAIRS
DELAY	TICKET WINDOW
DELI	TRACK
MUZAK	TRAIN
NEWSSTAND	TRASH CAN
PASSENGER	WAITING ROOM
PLATFORM	"WATCH THE GAP"

```
W O D N I W T E K C I T E
A V K A K E R Y B E D A D N Y
T P K C H S H O E S H I N E A L
C F A H O A M M N R R I L W L S
H R Z S L L R I C U O I N S P I
T E U A S O C O H O P L A S E G
H R M R F E P P A C D E R T Y N
E A A T S S N T H N R O U A S G
G W A I T I N G R O O M L N H G
A L R A N N D C E C E E N D T
P R A L L A B O A R D A L
```

25

Answer, page 81

Why We Do It

ALMIGHTY DOLLAR	JACK
BREAD	LEGAL TENDER
BUCKS	LETTUCE
CASH	LUCRE
CLAMS	MAZUMA
CURRENCY	MONEY
DO-RE-MI	MOOLAH
DOUGH	SCRATCH
GELT	SIMOLEONS
GREENBACKS	SPECIE
INCOME	WAMPUM

```
R U E N S C R A T C H W F
G O R M N D Y O U K C A J R L
R A L L O D Y T H G I M L A I C
E F E U E C F R S O S P M O A L
E N G E L T N Y A K M U I A O A
N H N R O W T I C H A M U Z A M
B O T C M E C U R R E N C Y O S
A R L U I L B S C R Y O U N T H
C A E L S T M O O E I C E P S N
K E Y A I S E D V I L Y R A N
S D R E D N E T L A G E L
```

27

Answer, page 81

RR Crossings

RABBIT, RUN

RAG RUG

RAH RAH

RAT RACE

RAY ROMANO

REC ROOM

RED ROVER

RENE RUSSO

RIB ROAST

ROAD RULES

ROB ROY

ROLLS-ROYCE

RONALD REAGAN

ROOT ROT

ROSE RED

ROUGH RIDERS

ROY ROGERS

RUBY RED

RUG RAT

RUN RIOT

E C Y O R S L L O R S R E
O X R N E E R O A D R U L E S
S D T A R G U R M E E P L R T Y
S A Y M H E B D V O G R I M O O
U Y R O A A Y O B R O B E E R R
R C K R U N R I O T R R I S T B
E A N Y R D E H I O Y D C G O O
N A G A E R D L A N O R E E O R
E C A R T A R S P R R R E S R E
R X C N U R T I B B A R H A N
G E R O U G H R I D E R S

29

Answer, page 82

"Sorry I'm Late"

CAR DIED	MIGRAINE
CHECKUP	MISSED BUS
CONSTRUCTION	OVERSLEPT
DETOUR	POWER OUT
FLAT TIRE	SICK KID
FLOOD	SLEET
FOG	SNOW
HANGOVER	STORM
LEAK	TRAFFIC
LOST KEYS	TRAIN DELAY

30

```
T P E L S R E V O N E T A
R T E X N C R S U R E S E T T
A H E S O M I S S E D B U S U D
I P O Y W C T G L V A T K E O M
N Y U E K K T S D O O L F A R E
D Y S K S W A M I G R A I N E E
E E I T C A L R E N O H I T W L
L D T S O E F T R A F F I C O C
A H H O I R H K I H N G T O P T
Y H E L U V M C A R D I E D E
C O N S T R U C T I O N T
```

31

Answer, page 82

TV Working Stiffs

32

(Lennie) BRISCOE
(Al) BUNDY
(Archie) BUNKER
(Drew) CAREY
(Cliff) CLAVIN
(Roseanne) CONNER
(Laverne) DEFAZIO
(Louie) DE PALMA
(Shirley) FEENEY
(Barney) FIFE
(Fred) FLINTSTONE

(Hank) HILL
(Ralph) KRAMDEN
(Sam) MALONE
(Rhoda) MORGENSTERN
(Ed) NORTON
(Alex) RIEGER
(Jim) ROCKFORD
(Fred) SANFORD
(Dwayne) SCHNEIDER
(Homer) SIMPSON
(Andy) SIPOWICZ

```
T D S C H N E I D E R V D
U E D W I D E O R K N I N G H
C P S V T R I D S I P O W I C Z
R A A R F O F S M H A N L D J B
O L R F E F I M B A O L N A R U
C M R E K N U B E R R L O I M N
K A U E Y A N S T I H K S I A D
F L I N T S T O N E N C P D M Y
O I I E C H N A C G O E M L K E
R A F Y O I Z A F E D T I O N
D N R E T S N E G R O M S
```

Answer, page 83

Subway Stop

CROWDED   STATION
FARE   STRAPHANGER
JOSTLING   "TAKE THE A TRAIN"
LINE   THIRD RAIL
METRO   TOKEN
PLATFORM   TRACK
POLE   TRANSFER
RAPID TRANSIT   TUBE
RIDE   TURNSTILE
SEAT   UNDERGROUND

```
E A J O S T L I N G B F A
L P L A T F O R M B Y B A C O
I R N O A O N T E H E L T R U B
T A K E T H E A T R A I N O E E
S E W U I A S L R N A A M W E D
N T B H O D N U O R G R E D N U
R E F S N A R T L P E D L E M K
U I E A U R S I U L A R B D C E
T A D T I S N A R T D I P A R A
T T R E I E C E E L E H R A N
O R R E G N A H P A R T S
```

35

Answer, page 83

Office Seeking

BOSS   I.D. BADGE
CIRCULAR FILE   IN-BOX
CLOCK-WATCHER   LUNCH HOUR
COFFEE ROOM   MAILROOM
COMPUTER   MEETING
COPIER   MEMO
CUBICLE   PHONE
DESK   TGIF
FAX   VOICEMAIL
HUMP DAY   WATERCOOLER

36

```
R E L O O C R E T A W D I
U L B M E R F T C U B I C L E
O S E E A L I A M E C I O V Y M
H M S G E F V E X R Y Y F T H E
H P I D C I R C U L A R F I L E
C H N A G G C A N D B D E E F T
N O I B L T E D P U N D E E R I
U N P D M C O M P U T E R S N N
L E I I S C U E L L S S O B K G
A N E R E H C T A W K C O L C
O M A I L R O O M U S X M
```

37

Answer, page 84

Time Sheet

BIG HAND	MINUTE
CALENDAR	MOMENT
CENTURY	MONTH
CLOCK	NOON
DAY	PAST
DECADE	PRESENT
EPOCH	SECOND
FOURTH DIMENSION	SUNDIAL
FUTURE	TICK-TOCK
HOUR	WATCH
MIDNIGHT	WEEK
MILLENNIUM	YEAR

M U I N N E L L I M S Y E
I A O R M T F U T U R E H I S
D O S T I L O W I N G A C S O L
N O I S N E M I D H T R U O F A
I L E A U A T P N W N Y E W N I
G A C P T N R C A L E N D A R D
H W O L E N T B H E S E N T E N
T C H M O N T H G E E E K C D U
K C O T K C I T I E R D A H E S
O M U P N S K F B R P D A Y O
M N R O E Y R U T N E C W

Answer, page 84

39

Cell Out Crowd

ANSWER	LOW BATTERY
ANYTIME MINUTES	PLAN
BELT CLIP	RING TONES
CALL	ROAMING
"CAN YOU HEAR ME NOW?"	SEND
CHARGER	SIGNAL
DIAL	TALK
FEATURES	TEXTING
FLIP	VIBRATE
HANDS-FREE	"YOU'RE BREAKING UP"

```
L T H A N D S F R E E D R
O H E F N I R S S T R C I E L
W O N E M R A E H U O Y N A C C
B L S V I B R A T E A C G A L H
A K S E T U N I M E M I T Y N A
T C L N T L L W A P I S O M A R
T D A A E T E X T I N G N T E G
E B E L T C L I P L G O E W T E
R F H P L E I N V F E N S T O R
Y O U R E B R E A K I N G U P
R S R I V A S I G N A L L
```

Answer, page 85

"Bus" Depot

AMBUSH	COLUMBUS
BABUSHKA	DEBUSSY
BUSBOY	E PLURIBUS UNUM
BUSHEL	GARY BUSEY
BUSHES	GHOSTBUSTERS
BUSINESS	INCUBUS
BUSTER BROWN	NIMBUS
BUSTLE	REBUS
BUSTS	ROBUST
BUSY	SYLLABUS

H B O Y E S U B Y R A G P
B U E Y S O U S A R R E G O I
U S R E T S U B T S O H G N G I
S H G A N B U S T E R B R O W N
I E G B A U U B S T S E U R R C
N S E L T S U B E S T O E S L U
E I L A M B U S H D S B N E T B
S Y M T C O L U M B U S H H I U
S S C B O Y M M U S B S T E R S
O M U N U S U B I R U L P E M
N I A K H S U B A B B U S

43

Answer, page 85

The Fortune 100

44

ALCOA	FORD
ALLSTATE	GENERAL ELECTRIC
AMERICAN EXPRESS	IBM
BANK ONE	INTEL
BEST BUY	J.C. PENNEY
BOEING	LOWE'S
COMCAST	MICROSOFT
CVS	PFIZER
DELL	SPRINT
DISNEY	TARGET
EXXON MOBIL	UPS
FEDEX	WAL-MART

```
L  I  B  O  M  N  O  X  X  E  D  E  F
S  B  A  M  L  W  A  D  I  S  N  E  Y  L  A
T  M  O  O  N  M  I  C  R  O  S  O  F  T  O  B
S  A  W  A  L  M  A  R  T  Y  I  T  K  D  C  E
T  E  C  A  U  P  I  G  E  T  A  A  L  N  L  S
S  S  E  R  P  X  E  N  A  C  I  R  E  M  A  T
A  P  D  I  S  S  N  I  L  N  T  G  S  I  C  B
C  I  R  T  C  E  L  E  L  A  R  E  N  E  G  U
M  A  O  I  P  V  R  O  E  C  E  T  V  I  S  Y
O  I  F  C  N  O  S  B  D  R  E  Z  I  F  P
C  N  J  I  E  T  A  T  S  L  L  A  S
```

45

Answer, page 86

I've Been Working on the Railroad

WORKING	MORN
RAILROAD	HEAR
LIVELONG	CAPTAIN
DAY	SHOUTING
JUST	DINAH
PASS	HORN
TIME	SOMEONE
AWAY	KITCHEN
WHISTLE	KNOW
BLOWING	STRUMMING
RISE	OLD
EARLY	BANJO

S O K I T C H E N M E H T
R H Y S I O N O K Y L R A E D
A I U A N J A H R I S A B N T R
I J G A W N I N G N O L E V I L
L N N N I A T P A C O O N T A D
R W I O I B M A N W T W O N K A
O H T E N K W H I S T L E A M Y
A M U I E M R N E I G S M H P T
D L O E M V G O E A I N O A C O
M E H R F E R O W R R M S D I
N E S G N I M M U R T S R

Answer, page 86

47

The Telecommute

BROWSER	LINK
CHAT	MENU
DIAL-UP	NETIQUETTE
DOT-COM	POST
DOWNLOAD	ROUTER
E-MAIL	SCROLL
FLAME	SEARCH
GOOGLE	SPAM
HOME PAGE	SURF
HOST	URL
INSTANT MESSAGE	WEB SITE
INTRANET	WIRELESS

I D A O L N W O D F I A T
E L L I N K G S O N R S R A E
T I A W M N V C T E O N D W H T
T M R E S W O R B H U O E I D C
E T N B H U A O H E T I N R T E
U U D S R N R L N C E E T E E M
Q I I I E N V L O E R N M L T A
I N S T A N T M E S S A G E E P
T D U E S L P E L L O E S O S
E C R H E C U K Q F O U A S Y
N L F H O M E P A G E E T

49

Answer, page 87

Weekend Planner

CARWASH	PARTY
CLEANING	POKER
DINNER	READING
ERRANDS	RESTAURANT
FAMILY VISIT	SHOPPING
GARDENING	SOCCER
GOLF	TENNIS
MOVIE	THEATER
MUSEUM	TRAVEL
NIGHTCLUB	VIDEO

```
T  I  S  I  V  Y  L  I  M  A  F  O  N
L  T  Y  I  R  O  G  B  U  I  N  L  S  O  N
S  H  D  C  S  M  N  R  S  U  S  P  O  K  E  R
H  E  O  E  O  I  I  R  E  C  C  O  S  G  G  H
O  A  A  V  D  E  N  R  U  V  A  E  R  N  Y  P
P  T  I  T  H  I  E  N  M  N  R  G  I  I  D  A
P  E  R  R  A  N  D  S  E  O  W  N  N  D  E  R
I  R  B  A  N  Y  R  E  S  T  A  U  R  A  N  T
N  F  R  I  V  I  A  D  A  E  S  Y  S  E  P  Y
G  E  D  A  K  E  G  E  L  R  H  U  N  R  K
N  O  W  N  B  U  L  C  T  H  G  I  N
```

51

Answer, page 87

Cup o' Joe

BIDEN	MONTANA
BOLOGNA	NAMATH
COCKER	ORTON
CONRAD	PANTOLIANO
COTTEN	PAPP
DIMAGGIO	PATERNO
FIENNES	PESCI
FRAZIER	PISCOPO
JACKSON	ROGAN
LIEBERMAN	STALIN
LOUIS	TORRE
MCCARTHY	WALSH

52

```
P  J  O  O  N  A  I  L  O  T  N  A  P
P  A  T  E  R  N  O  E  W  Y  U  I  L  E  J
A  E  D  R  R  E  I  Z  A  R  F  A  L  N  D  O
P  I  S  P  T  O  G  E  L  M  O  N  T  A  N  A
B  D  T  C  F  H  G  D  S  R  E  N  P  M  T  C
O  A  M  E  I  M  A  A  H  E  N  I  I  A  O  S
L  I  E  B  E  R  M  A  N  K  S  O  C  T  K  E
O  O  Y  R  N  O  I  M  C  C  A  R  T  H  Y  O
G  N  U  O  N  E  D  Y  O  O  A  E  R  R  O  T
N  F  C  I  E  T  E  P  R  C  N  F  A  M  O
A  E  H  I  S  N  O  S  K  C  A  J  T
```

53

Answer, page 88

26

Business Trip

54

BAGS	NOTES
CALL HOME	RECEIPTS
CAR RENTAL	REDEYE
CARRY-ON	ROOM SERVICE
CLIENT	SALES
FLIGHT	SHUTTLE
FREQUENT FLYER	SUIT
HOTEL	TAXI
LAPTOP	TICKETS
LAYOVER	TIPS
MINIBAR	WAKE-UP CALL

```
S L A T N E R R A C A M E
T R A I E C A C A L L H O M E
P X N A L I P R R L S E I N E C
I S S E T O N H E A T D T T H A
E B E F T E C I V R E S M O O R
C I A P U H R S O T K F S R H R
E L A G H E G Q Y T C U A E E Y
R L I N S S T I A F I L L D Y O
W A K E U P C A L L T U E E R N
R A B I N I M M I F L Y S E S
R E Y L F T N E U Q E R F
```

55

Answer, page 88

27

The S&P

SAFETY PIN   SNOW PEA
SAO PAULO   SOLE PROPRIETOR
SEAN PENN   SPACE PROBE
SHOT PUT   SPORTS PAGE
SILENT PARTNER   SPY PLANE
SILLY PUTTY   STAMP PAD
SKI POLE   STAY PUT
SNAKE PIT   STOCK PRICE

56

```
S  S  E  G  A  P  S  T  R  O  P  S  Q
T  S  C  U  A  N  I  P  Y  T  E  F  A  S  T
A  P  I  R  O  E  P  E  Y  U  G  S  S  E  I  N
M  A  R  W  S  I  L  L  Y  P  U  T  T  Y  P  S
P  C  P  S  T  A  Y  P  U  T  L  T  P  A  E  C
P  E  K  K  K  I  N  G  S  O  H  A  O  A  K  U
A  P  C  L  D  I  N  T  P  H  O  O  N  H  A  P
D  R  O  L  U  A  P  O  A  S  O  P  O  E  N  H
R  O  T  E  I  R  P  O  R  P  E  L  O  S  S
E  B  S  V  E  R  A  N  L  N  C  E  P  A  Y
R  E  N  T  R  A  P  T  N  E  L  I  S
```

57

Answer, page 89

28

Working Dogs

AKITA	KOMONDOR
BOXER	KUVASZ
BRIARD	MALAMUTE
COLLIE	MASTIFF
CORGI	NEWFOUNDLAND
DOBERMAN	PULI
GERMAN SHEPHERD	SAMOYED
GREAT DANE	SCHNAUZER
HUSKY	ST. BERNARD

D D C O M G K U V A S Z I
R S A O A R E O C O L G O L R
A B L I L N D S M H R O G U U I
N M D N A L D N U O F W E N D P
R A E D M O I S C H N A U Z E R
E S M G U S K E L O O D K A T T
B T R R T Y A B O X E R O F F I
T I D R E H P E H S N A M R E G
S F C R A B T H E A K I T A R T
H F A D E Y O M A S N R L I G
H T G R E A T D A N E B S

59

Answer, page 89

29

Happy Hour

BARTENDER	NOISE
BOTTLE	NUTS
CARAFE	ON TAP
CHIPS	ON THE ROCKS
COASTER	PITCHER
DRINKS	PUB
LADIES' NIGHT	STOOL
LEMON	SWIZZLE STICK
MARGARITA	TAVERN
MARTINI	TIPS
MICROBREW	TWIST
NAPKIN	WINE

60

```
W T B U P S S H N T C E M
E Z O A B O K M B A I A A E W
R E T S A O C N A V P S R I N W
B N T V R E O N I E T K T A E I
O D L A T I R A G R A M I T F N
R N E O E B E E A N D T N N C E
C U O S N T H G I N S E I D A L
I H I M D R T E T I P S N F O O
M O I R E H N A W N G O U O V E
N R S P R L O T R E H C T I P
K C I T S E L Z Z I W S S
```

61

Answer, page 90

30

Rails in America

BOXCAR	IRON HORSE
CASEY JONES	JOHN HENRY
COACH	PULLMAN
COAL	RAILS
CREW	SIGNAL
DEPOT	SMOKE
ENGINE	STEAM
FREIGHT	STEEL
GANDY DANCER	SWITCH
GOLDEN SPIKE	UNION PACIFIC
HANDCAR	WHISTLE
HOBO	YARD

```
E T W H R A C D N A H S L
K N H A E C R E W B H E O A J
I C I F I C A P N O I N U S O T
P L S G B O U O W X O O R I H C
S L T D N L I T N C T J H G N E
N L L I L E S T E A M Y I N H R
E S E M L A M H C R N E G A E W
D D A E I R O N H O R S E L N A
L N R S T B K H O F A A B O R H
O E M A O S E S W I T C H I Y
G A N D Y D A N C E R A H
```

63

Answer, page 90

31

Magazine Rack

64

DETAILS	NEWSWEEK
EBONY	PARENTS
ELLE	PEOPLE
ESQUIRE	REDBOOK
ESSENCE	ROLLING STONE
FORTUNE	THE NEW YORKER
GLAMOUR	TIME
INSTYLE	TV GUIDE
INTERVIEW	VANITY FAIR
MONEY	VOGUE

T P A R E N T S E R H K E
R S E F M A T U U R U O D D A
I E N O T S G N I L L O R E Y E
A V N R P O E N N I N B M T G E
F E P T V L O Y T S T D T A R R
Y A C U C E E N E S I E E I L T
T H E N E W Y O R K E R U L S G
I O R E E I G B V I N Q S S L T
N O B M E S N E I N S T Y L E E
A F I R A N S K E E W S W E N
V T V G U I D E W K L I N

65

Answer, page 91

32

Fictional Millionaires

(Montgomery) BURNS
(Blake) CARRINGTON
(Jed) CLAMPETT
(Cruella) DE VIL
(Philip) DRUMMOND
(J.R.) EWING
(Jay) GATSBY
(Gordon) GEKKO
(Auric) GOLDFINGER
(Jonathan) HART

(Thurston) HOWELL
(Charles Foster) KANE
(Tracy) LORD
(Lex) LUTHOR
(Scrooge) MCDUCK
(Mr.) POTTER
(Richie) RICH
(Oliver "Daddy") WARBUCKS
(Bruce) WAYNE
(Willie) WONKA

66

```
T H G A T S B Y E M O D N
O P N O N O T G N I R R A C L
Y G I U K Y D S N A B U R N S M
D E W K W A E S C L A M P E T T
R R E I C H V U N C L M E P K E
N G O L D F I N G E R O N Y C L
A B A L G H L S W A Y N E B U U
T K I E S A N H O W O D F T D F
I A N W A R B U C K S C H I C A
L N L O Y T M R M I O O N O M
P E O H W P O T T E R L Y
```

67

Answer, page 91

33

Vacation Spots

ACAPULCO	JAMAICA
ARUBA	KEYS
ATLANTIC CITY	LAS VEGAS
BAHAMAS	LONDON
BERMUDA	MONTEREY
CANCUN	PALM SPRINGS
CAPE COD	PARIS
DISNEY WORLD	RIVIERA
HAMPTONS	ROCKIES
HAWAII	ROME

```
Y T I C C I T N A L T A W
S O A C I A M A J R P K B A H
A O L A I C R B J A Y A L U H E
M N W O S D O C E P A C R A R C
A A O N Y C M E I R N A M I S A
H R I Y E R E T N O M P S T S N
A E E D K O N L E S T U S V O C
B A D I S N E Y W O R L D D C U
S A G E V S A L N A T C N A I N
O R O C K I E S N F R O O M N
B C S G N I R P S M L A P
```

Answer, page 92

34

There and Back

BOOB	PEEP
CIVIC	RACE CAR
DAMMIT, I'M MAD!	RADAR
DEIFIED	ROTOR
DO GEESE SEE GOD?	SEES
KAYAK	SELES
KOOK	SHAHS
LEVEL	SOLOS
MADAM, I'M ADAM	TOP SPOT
MIRROR RIM	WE PANIC IN A PEW
NEVER ODD OR EVEN	XANAX

70

D P A M I R R O R R I M L
A W E P A N I C I N A P E W I
M N D D R O M K E M X E E D A N
M M A D A M I M A D A M S E E S
I R O T O R S S R Y N U N I P H
T O P S P O T O K N A I N F C A
I S G B A C B O L K X K A I G H
M N E V E R O D D O R E V E N S
M A I L N K O I N G S I R D E E
A L E V E L B K R A C E C A R
D O G E E S E S E E G O D

71

Answer, page 92

Quitting Time

ADIEU	FAREWELL
ADIOS	GODSPEED
ALOHA	HASTA LA VISTA
ARRIVEDERCI	LATER
AUF WIEDERSEHEN	SAYONARA
AU REVOIR	SEE YA
BE GOOD	SHALOM
BYE-BYE	SO LONG
CHEERIO	TATA
CIAO	TOODLE-OO

```
A T S I V A L A T S A H C
F O T A T A M U I O S G K E Y
S A O D D R G R A D O O G E B N
A R R I V E D E R C I D I Y S S
R L O E T M A V D E N S L B A H
A S O U W G N O L O S P N E A A
N H C H E E R I O E Y E H Y O L
O E O Y A K L R A Y E E S B A O
Y I S A S H I L M G O D O T D M
A U F W I E D E R S E H E N B
S Y E A N C A N T H E R M
```

73

Answer, page 93

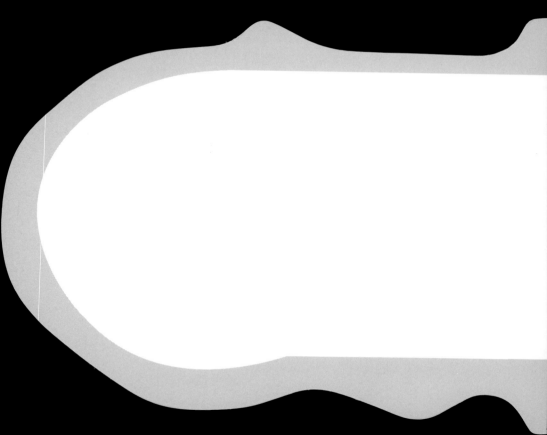

Answers

1. Rise and Shine

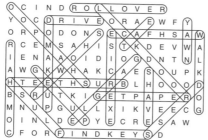

Cindy Crawford once said, "Even I don't wake up looking like Cindy Crawford."

2. On the Train and Bus

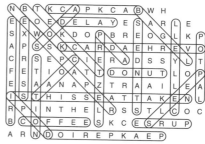

Where do brokers sit on a train? The stock car.

3. Java Jive

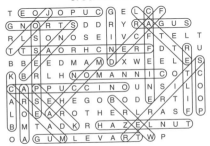

Teddy Roosevelt dubbed Maxwell House "Good to the last drop."

4. Beatles' "A Day in the Life"

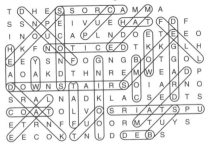

The massive final note of the song took three pianos and lasts over forty seconds.

5. Work, Work, Work

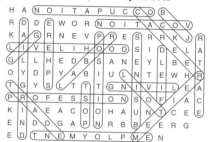

"Hard work never killed anybody, but why take a chance?"—Edgar Bergen

6. All the News That Fits

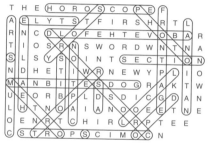

The first crossword was in the New York World in nineteen thirteen.

78

7. Car Talk

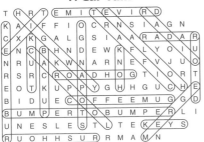

"Traffic signals in New York are just rough guidelines."–[David] Letterman

8. Think "Inc."

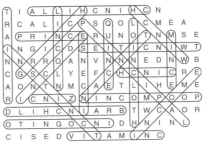

Inc. also means "engraved by," from the word "incised."

9. Working Scripts

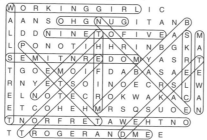

"I can sit…and do nothing as good as anyone."
— *Clockwatchers* quote

10. Bagel Break

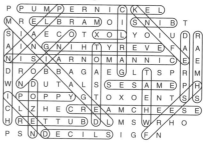

"Protect your bagels, put lox on them." — shop sign

11. At the Train Station

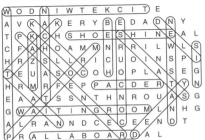

Every day, half a million people pass through Grand Central.

12. Why We Do It

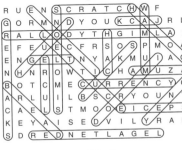

"Run for your life from any man who tells you that money is evil."–[Ayn] Rand

13. RR Crossings

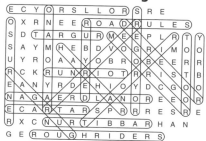

Rex Reed played Myra
Breckinridge pre-sex change.

14. "Sorry I'm Late"

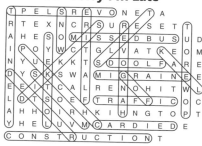

Neat excuse: The dog ate my keys.
We are hitchhiking to the vet.

15. TV Working Stiffs

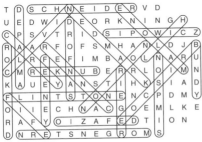

TV dud *Working Stiffs* had Jim Belushi and Michael Keaton.

16. Subway Stop

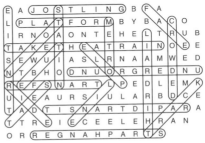

A baby born on the tube was named Thelma Ursula Beatrice Eleanor.

83

17. Office Seeking

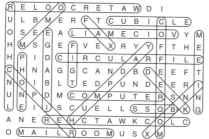

Dilbert says, "Everything can be filed under 'miscellaneous.'"

18. Time Sheet

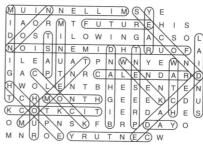

Earth is slowing, so leap year won't be needed eons from now.

19. Cell Out Crowd

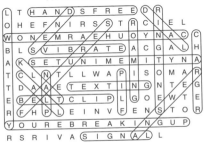

The first cell call was made to the inventor's rival.

20. "Bus" Depot

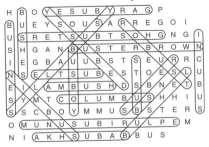

Hope you are going gangbusters on this commuter omnibus.

21. The Fortune 100

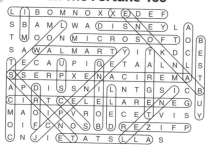

Sam Walton said, "Capital isn't scarce; vision is."

22. I've Been Working on the RR

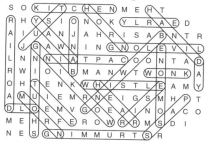

Some think Dinah is a train, not a woman. The name might even come from "diner."

23. The Telecommute

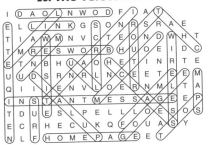

"If Al Gore invented the Internet, I invented spell check." –[Dan] Quayle

24. Weekend Planner

"Only Robinson Crusoe had everything done by Friday." –speaker unknown

87

25. Cup o' Joe

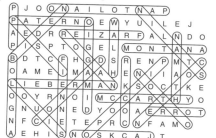

Joe Yule Jr. adopted the name
Mickey Rooney after fame hit.

26. Business Trip

American Airlines had the first
frequent flyer miles.

27. The S&P

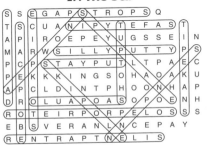

Square pegs sent packing shouldn't pooh-pooh severance pay.

28. Working Dogs

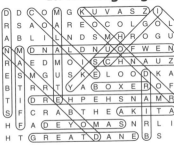

Dogs are color blind, so guide dogs look at traffic rather than lights.

29. Happy Hour

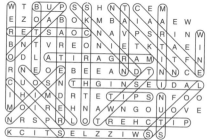

The zombie was invented to be a cure for hangovers.

30. Rails in America

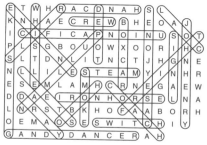

The hobo world in their slang was hobohemia.

90

31. Magazine Rack

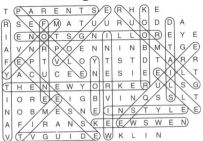

The Saturday Evening Post traces its origins to Ben Franklin.

32. Fictional Millionaires

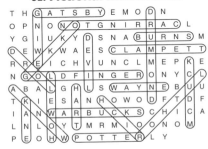

The Monopoly guy's name was Rich Uncle Pennybags, but is now officially Mr. Monopoly.

33. Vacation Spots

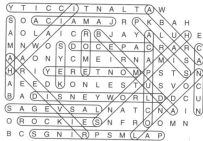

Workaholic Jay Leno once insisted on less vacation from NBC.

34. There and Back

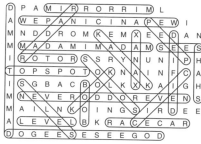

Palindrome means "running back again" in Greek.

35. Quitting Time

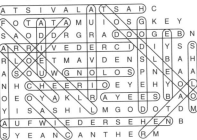

Comiskey's organist made "Na Na Hey Hey Kiss Him Goodbye" an anthem.

About the Author

Amy Goldstein is a puzzle writer and veteran commuter who lives in New Jersey with her husband and two children. Many of the puzzles in this book were written during her daily trip to work. She is a partner at Puzzability, a puzzle-writing company in New York.

93

INDEX

Look for these Sit & Solve Commuter books
wherever you go

S&S Commuter Anagram Puzzles by Darren Rigby

S&S Commuter Crosswords by Matt Gaffney

S&S Commuter Cryptograms by Jerry N. Carolson

S&S Commuter Word Search Puzzles by Amy Goldstein

And for our regular Sit & Solve books
whenever you go